Annette Swoboda
studierte Kunst in
Aix-en-Provence, Frankreich,
und Grafik-Design in Mannheim.
Seit 1988 ist sie als frei-
schaffende Illustratorin und
Autorin tätig. Sie illustriert
sowohl Bilderbücher für Kinder
als auch für Erwachsene –
beides mit großem Erfolg.
Heute lebt sie mit ihrer Familie
in Friesland.

Ulrich Maske
arbeitete nach seinem Studienabschluss
in Psychologie als Musikproduzent
mit international namhaften Folk- und
Jazzmusikern. Seine Hörbuch- und
Hörspielproduktionen für Kinder und
Erwachsene erhielten zahlreiche Aus-
zeichnungen. Er schreibt als Text- und
Musikautor Bücher, Lieder, Reime
und Gedichte. Seine Hörspiel-, Hörbuch-
und Musikproduktionen sind bei
JUMBO Neue Medien erschienen.

Ulrich Maske
Annette Swoboda

Kommt ein Traum zu dir

Poesie zur guten Nacht

*Für alle kleinen und großen Träumerinnen
und Träumer – I'm not the only one*

ISBN 978-3-8337-4145-6
1. Auflage
© 2020 JUMBO Neue Medien & Verlag GmbH, Hamburg
Alle Rechte vorbehalten
Text: soweit nicht anders angegeben Ulrich Maske
© Chico Neue Medien & Verlag GmbH, Hamburg
Illustrationen: Annette Swoboda
Lektorat: Julia Marie Schaak, Jasmin Centner
Grafische Bearbeitung: Hanna Wienberg
Druck: Livonia Print, Ventspils 50, 1002 Riga, Lettland
Die Deutsche Bibliothek – CIP-Einheitsaufnahme

Ulrich Maske
Annette Swoboda

Kommt ein Traum zu dir

Poesie zur guten Nacht

JUMBO

Inhalt

Kleiner Stern	10
Traumliedchen	12
Eisbär und Pinguin	14
Äuglein blinzelt	16
Schlaf, Schätzchen	16
Mäh, sagt das kleine Lamm	18
Rosinchen und Mandeln	20
Kumbayah	22
Coqui, Coqui	24
Gehen zehn in ein Bett	26
Das Kind ruht aus vom Spielen	28
Schlaf, mein Kind, es wird Nacht überall	29
Leise, Peterle, leise	30
Schäfchenzählen	32
Das Abendschiff ist gekommen	34
Wenn der Wind durchs weite Land geht	35
Wo wohnt der Mond?	36
Ich bin so froh, dass es dich gibt!	38
Bleibt noch wach	39
Hoch am Himmel steht der Mond	40
Geh nun schlafen, kleines Schätzchen	41
All die schönen kleinen Pferde	41
Zappelpappel	43
Es ist schon spät	44
Hör, die Hirtenflöte ruft	46
Der Mond ist aufgegangen	46
Wanderers Nachtlied	47
Suliram	48
In der tiefen Ruhe des Waldes	49
Kleiner Vogel, was singst du?	50
Sag Tante Rosie	52

Die Küken	53
Spät kommt das Schiff	54
Schneckenrennen	55
Wer näht und wer wäscht	56
Annas weißes Lamm	58
Guter Mond, du gehst so stille	59
Johnnys Buddelschiff	60
Wenn der Mond mit großer Sehnsucht	63
Oktoberwind	64
Mondhund	65
Nun kommt der Sandmann	66
Dunkel die Nacht	68
Der Mond im Mariniland	69
Sternenblinzeln	70
Tag ist nun vorüber	71
An der Pforte zum Himmel	71
Abend	73
Sommernachtstraum	74
Ach, wer will denn jetzt schon schlafen gehen?	76
Dort hinter den Bergen	78
Schlafe, mein Prinzchen	78
In dunkler Nacht	80
Der alte Mond	82
Schlaf ruhig, mein Kind	84
Wiegenlied	86
Mein müder Engel	88
Mi-ma-müde	88
Do Do	89
Schimmel trägt dich immer weiter	91
Quellenverzeichnis	92

Kleiner Stern

Blitzt und blinkst du, kleiner Stern
Kleiner Stern, ich hab dich gern
Stehst du da am Himmelszelt
Leuchtest in die dunkle Welt

Blitzt und blinkst du, kleiner Stern
Kleiner Stern, ich hab dich gern
Kenne diese Straße nicht
Dank dir für ein bisschen Licht
Wüsste nicht, wie soll ich gehn
Könnte ich dich nicht mehr sehn

Blitzt und blinkst du, kleiner Stern
Kleiner Stern, ich hab dich gern
Leuchte noch ein bisschen mehr
Ist so dunkel ringsumher

Blitzt und blinkst du, kleiner Stern
Kleiner Stern, ich hab dich gern
Lösch dein Licht nun ruhig aus
Denn jetzt bin ich ja zu Haus
Morgen ist ein neuer Tag
Dem die Sonne leuchten mag

Traumliedchen

Träum, Kindlein, träum
Im Garten stehn zwei Bäum

Der eine, der trägt Sternlein
Der andre Mondenhörnlein

Da kommt der Wind der Nacht gebraust
Und schüttelt die beiden mit roher Faust

Das Mondenhörnleinbäumlein steht
Als wäre gar kein Wind, der weht

Das Sternenbäumlein aber, ach
Dem fallen zwei Sternlein in den Bach

Da kommen zwei Fischlein munter
Und schlucken die Sternlein hinunter

Und hätte es nicht sterngeschnuppt
So wären sie nicht so schön geschuppt

Träum, Kindlein, träum
Im Garten stehn zwei Bäum

Der eine, der trägt Sternlein
Der andre Mondenhörnlein

Träum, Kindlein, träum

Christian Morgenstern

Eisbär und Pinguin

Der Eisbär und der Pinguin
Die wohnen in zwei Welten
So sehen auch die Pinguine
So einen Eisbären selten
Denkt nun nicht grade an den Zoo
Die leben sonst ja anderswo
Der Pinguin wohnt ganz im Süden
Da ist ein kalter Pingu-Pol
Der Eisbär wohnt im hohen Norden
Und fühlt sich dort im Eis ganz wohl
Wenn sie sich mal besuchen wollen
Ist's eine lange, lange Reise
Durch Meere und durch heißen Sand
Vom einen Eis zum andern Eise
Wer solche Reise auf sich nimmt
Der ist ein echter Freund
Und heißt es dann: Willkommen hier!
Ist das auch ernst gemeint

Der Eisbär und der Pinguin
Die schmusen auch ein bisschen
Der Pinguin gibt seinem Freund
Ein schnabelsüßes Küsschen
Der Eisbär sagt zum Pinguin:
»Du bist und bleibst mein Schatz«
Und dann gibt er dem Kleinen
Einen eisbärgroßen Schmatz

Der Eisbär und der Pinguin
Die wollten Urlaub machen
Und beide packten Koffer voll
Mit ihren Lieblingssachen
Der Eisbär hatte lang im Kopf:
Am schönsten ist's im Westen
Nach Osten wollt der Pinguin
Das klang für ihn am besten
»Mach's gut und schönen Urlaub!«
Wünschten sie beim Abschiedsküsschen
Und schon sah man bei beiden
Eine Abschiedsträne fließen
»Ach, Eisbär, ich vermiss dich sehr!«
»Mein Pinguin, wo gehst du hin?«
Das waren ihre Worte
West hin, Ost her, so zogen sie
Nach Süden bis zum nächsten Orte

Der Eisbär und der Pinguin
Die legen sich zum Schlafen hin
Der Pinguin singt noch ein Lied
Der Eisbär brummt es leise mit
Dann hört man einen Schnarcheton
Der sagt uns: Einer schläft wohl schon

Äuglein blinzelt

Äuglein blinzelt, schlafe ein
Sanfte Stille, tritt herein
Schon fällt Tau aufs kühle Gras
Kerzen schimmern hinter Glas
Sieh, der Mond steht über den Bäumen
Und dich lädt er ein zum Träumen
Alle Vögel gehen zur Ruh
Mach du deine Augen zu
Auch die Nachtigall ist müd
Bald verklingt ihr Abendlied
Hör nur ihren süßen Ton
Ach, ich seh, du schläfst ja schon

Schlaf, Schätzchen

Schlaf, Schätzchen, schlaf
Mach die Augen zu und schlaf
Ruh dich nun aus
Mach die Augen zu und ruh
Vater ist in Gedanken hier
Mutter bleibt heute Nacht bei dir

Mäh, sagt das kleine Lamm

»Mäh«, sagt das kleine Lamm
»Mir ist kalt, bin schon ganz klamm«
»Mäh«, sagt das große Schaf
»Sei noch bis heut Abend brav
Dann sing ich dich in den Schlaf, mäh!«

»Rap«, singt die Entenschar
Die so lange schwimmen war
Lustig ihr Abendlied
Wie sie durch die Wiese zieht
»Rap«, so singt die Entenschar, »rap«

»Miau«, sagt das Katzenkind
»Jetzt will ich ins Bett geschwind
Spiele den ganzen Tag
Weil ich so gern spielen mag
Miau«, sagt das Katzenkind, »miau«

»Prrr«, sagt der alte Gaul
»Heut war ich bestimmt nicht faul
Stünde ich im warmen Stall
Hört ich keinen Peitschenknall
Prrr«, so sagt der alte Gaul, »prrr«

»Wau«, sagt der große Hund
»Jetzt wach ich noch eine Stund
Ihr könnt schon träumen gehn
Und es wird euch nichts geschehn
Wau«, so sagt der große Hund, »wau«

Rosinchen und Mandeln

Unter dem kleinen Wiegelein
Lag ein klein's weißes Ziegelein
Ist gefahren zum Markt und will handeln
Das wirst du auch einmal tun
Mit Rosinchen und Mandeln
Schlaf nur, jetzt kannst du ruh'n
Draußen vor deinem Fensterlein
Saß ein klein's weißes Täubelein
Ist geflogen davon und will singen
Das wirst du auch einmal tun
Von den süßesten Dingen
Schlaf nur, jetzt kannst du ruh'n
Unter dem kleinen Wiegelein
Lag ein klein's weißes Ziegelein
Ist gefahren zum Markt und will handeln
Das wirst du auch einmal tun
Mit Rosinchen und Mandeln
Schlaf nur, jetzt kannst du ruh'n
Träum nur, jetzt kannst du ruh'n

Dieses Lied ist dem Andenken an alle Kinder gewidmet, denen man nicht ihre süßesten Träume ließ, nein: gar keine – nicht einmal ihr Leben. U.M.

Kumbayah

Kumbayah o yah Kumbayah
Kumbayah o yah Kumbayah
Kumbayah o yah Kumbayah
O yah Kumbayah

Hör ein Singen da – Kumbayah
Hör ein Singen da – Kumbayah
Hör ein Singen da – Kumbayah
O yah Kumbayah

Hör ein Beten dort – Kumbayah
Hör ein Beten dort – Kumbayah
Hör ein Beten dort – Kumbayah
O yah Kumbayah

Hör ein Weinen da – Kumbayah
Hör ein Weinen da – Kumbayah
Hör ein Weinen da – Kumbayah
O yah Kumbayah

Ja wer schläft denn da – Kumbayah
Ja wer schläft denn da – Kumbayah
Ja wer schläft denn da – Kumbayah
O yah Kumbayah

Kumbayah o yah Kumbayah
Kumbayah o yah Kumbayah
Kumbayah o yah Kumbayah
O yah Kumbayah

Coqui, Coqui

Singt der Frosch, singt der Frosch mir ein Schlaflied
Und der Frosch singt so laut und so schön
Und er singt von den Träumen der Frösche
Ja, da möchte ich auch träumen geh'n
Coqui! Coqui! Co-qui-qui-qui-qui!
Coqui! Coqui! Co-qui-qui-qui-qui!

Singt der Frosch, singt der Frosch mir ein Schlaflied
Und der Frosch singt ganz leis und so schön
Und so geh'n wir ins Land unsrer Träume
Komm doch mit, dann kannst du uns versteh'n
Coqui! Coqui! Co-qui-qui-qui-qui!
Coqui! Coqui! Co-qui-qui-qui-qui!

Gehen zehn in ein Bett

Gehen zehn in ein Bett
Sagt der Kleinste ganz nett:
»Rutscht rüber! Rutscht rüber!«
Und sie rutschen, und da fällt einer raus

Sind noch neun in dem Bett
Sagt der Kleinste ganz nett:
»Rutscht rüber! Rutscht rüber!«
Und sie rutschen, und da fällt einer raus

Sind noch acht in dem Bett
Sagt der Kleinste ganz nett:
»Rutscht rüber! Rutscht rüber!«
Und sie rutschen, und da fällt einer raus

Sind noch sieben im Bett
Sagt der Kleinste ganz nett:
»Rutscht rüber! Rutscht rüber!«
Und sie rutschen, und da fällt einer raus

Sind noch sechs in dem Bett
Sagt der Kleinste ganz nett:
»Rutscht rüber! Rutscht rüber!«
Und sie rutschen, und da fällt einer raus

Sind noch fünf in dem Bett
Sagt der Kleinste ganz nett:
»Rutscht rüber! Rutscht rüber!«
Und sie rutschen, und da fällt einer raus

Sind noch vier in dem Bett
Sagt der Kleinste ganz nett:
»Rutscht rüber! Rutscht rüber!«
Und sie rutschen, und da fällt einer raus

Sind noch drei in dem Bett
Sagt der Kleinste ganz nett:
»Rutscht rüber! Rutscht rüber!«
Und sie rutschen, und da fällt einer raus

Sind noch zwei in dem Bett
Sagt der Kleinste ganz nett:
»Rutscht rüber! Rutscht rüber!«
Und sie rutschen, und da fällt einer raus

Ist noch einer im Bett
Und der Kleine sagt nett:

»Gute Nacht!«

Das Kind ruht aus vom Spielen

Das Kind ruht aus vom Spielen
Am Fenster rauscht die Nacht
Die Engel Gottes im Kühlen
Getreulich halten Wacht

Am Bettlein still sie stehen
Der Morgen graut noch kaum
Sie küssen's, eh sie gehen
Das Kindlein lacht im Traum

Joseph von Eichendorff

Schlaf, mein Kind, es wird Nacht überall

Schlaf, mein Kind, es wird Nacht überall
Papa kauft dir eine Nachtigall
Wenn die Nachtigall nicht singt
Kauft dir Papa einen goldnen Ring

Wird das Gold zu Eisen dann
Kauft dir Papa einen Hampelmann
Wenn der Hampelmann zerbricht
Kauft Papa ein Lämmchen für dich

Bleibt das Lämmchen nicht bei dir
Kauft dir Papa ein Kälbchen dafür
Wenn das Kälbchen nicht zu dir hält
Kauft Papa einen Hund, der bellt

Bellt der Hund nicht nach drei Tagen
Kauft Papa dir Pferd und Wagen
Wenn dann der Wagen keine Räder mehr hat
Bleibst du doch das liebste Kind in der Stadt

Leise, Peterle, leise

Leise, Peterle, leise
Der Mond geht auf die Reise
Er hat ein weißes Pferd gezäumt
Das geht so still, als ob es träumt
Leise, Peterle, leise!

Stille, Peterle, stille
Der Mond hat eine Brille
Ein graues Wölkchen schob sich vor
Das sitzt ihm grad auf Nas und Ohr
Stille, Peterle, stille!

Träume, Peterle, träume
Der Mond guckt durch die Bäume
Ich glaube gar, nun bleibt er stehn
Um Peterle im Schlaf zu sehen
Träume, Peterle, träume!

Ruhe, Peterle, ruhe
Der Mond hat goldene Schuhe
Er hat sie schon bei Tag geputzt
Weil er sie ja nur nachts benutzt
Ruhe, Peterle, ruhe!

Schlafe, Peterle, schlafe
Der Mond hat silberne Schafe
Sie gehn am Himmel still und sacht
Und sagen Peterle gute Nacht!
Schlafe, Peterle, schlafe!

Paula Dehmel

Schäfchenzählen

1 Wolkenschaf schläft ganz allein
Am Wolkenhimmel – kann das sein?

Ach nein, es sind **2** Wolkenschäfchen
Die machen dort ihr Wolkenschläfchen

Und dort: noch eins, das sind schon **3**
Vereint in Wolkenträumerei

4 Schäfchen sind's, ich seh's genau
Ganz wolkenzart im Himmelsblau

Was ist denn das? Jetzt sind es **5**
Die kuscheln ohne Schuh und Strümpf

Das 6te sagt: »Ihr Schäfchen, bitte
Nehmt mich in eure Wolkenmitte«

»Wo ist mein Schmuseplatz geblieben?
Nehmt mich zu euch«, ruft Schäfchen 7

Das kleine Wolkenschaf mit Nummer 8
Hat schon ein Auge zugemacht

9 Schäfchen – jetzt sind es ganz viele
Im schönen Wimmelwolkenschafgewühle!

Und noch ein kleines Schaf – macht 10
Gaaanz müde Schäfchen, man kann's sehn

Das Abendschiff ist gekommen

Die Segel singen ein Lied
Erzählen leis vom Tag
Und klingen schon etwas müd

Das Schiff bringt schöne Träume
Die wiegen gar nicht schwer
Sie fliegen zu dir hin
Komm du ein bisschen hier her

Da liegt das Schiff unsrer Träume
Am liebsten liegt es bei dir
Es schaukelt sacht im Wind
Und bleibt bis morgen hier
Es schaukelt sacht im Wind
Und bleibt bis morgen hier

Wenn der Wind durchs weite Land geht

Wenn der Wind durchs weite Land geht
Kann er abends viel erzählen
War heut morgen in den Bergen
Blies in Schluchten und in Höhlen

Wehte dann durch grüne Täler
Sah dort viele Schafe grasen
Konnte auch den jungen Lämmern
In die weichen Locken blasen

Reiste über lange Flüsse
Und sah die Forellen springen
Hört am Ufer junge Mädchen
Ihre alten Lieder singen

Bin ans große Meer gekommen
Wieg die Schiffe sanft im Hafen
Werde hier ein bisschen ausruhn
Doch der Wind kann niemals schlafen

Warte auf den Morgenboten
Diesen Duft von frischen Broten

Wo wohnt der Mond?

Wo wohnt der Mond?

Abends zieht er seine Bahn
Fängt als Silbersichel an
Morgens kann man ihn nicht sehn
Wohin wird er dann wohl gehn?

Wo wohnt der Mond?

Silbersichel nimmt bald zu
Sag mal, isst der Nudeln, du?
Nacht für Nacht ein bisschen mehr
Morgens frag ich: Wo ist er?

Wo wohnt der Mond?

Und dann schließlich rund und fett
Liegt der Mond im Wolkenbett
Nein, was sag ich – rund und schön
Herrlich ist er anzusehn

Wo wohnt der Mond?

Mondgesicht, was ist denn das?
Warum bist du denn so blass?
Jede Nacht nimmst du nun ab
Mond, Mensch, mach jetzt bloß nicht schlapp!

Wo wohnt der Mond?

Silbersichel wird ganz dünn
Ach, sieh noch mal zu ihm hin
Warum schwindet denn sein Licht
Hilft ihm denn der Doktor nicht?

Wo wohnt der Mond?

Und dann bleibt's am Himmel leer
Mond leuchtet nun gar nicht mehr
Ist er krank oder in Not
Oder stellt er sich nur tot?

Wo wohnt der Mond?

Sieh mal, hättst du das gedacht?
Wer da nun vom Himmel lacht?!
Schelmenschmaler Sichelmond
Ob der wohl im Dunkeln wohnt?

Wo wohnt der Mond?

Ich bin so froh, dass es dich gibt!

Der Eisbär und der Pinguin
Können sich alles sagen
Und wenn der eine Kummer hat
Kann er den andern fragen
Der Eisbär hat den Kopf schon mal
Ganz voll von schweren Dingen
Dann kann der kleine Pinguin
Ihm gute Laune bringen
Der Pinguin fällt schon mal hin
Und stößt sich seinen Flügel
Der große Eisbär hebt ihn auf
Setzt ihn auf seine Schultern drauf
Und brummt: »Mach's dir bequem
Auf meinem großen weichen
Eisbär-Zottel-Zippel-Kuschel-Schulter-Hügel!«
»Wie schön, wenn dich ein Eisbär liebt!«
Singt da der Pinguin
»Ich bin so froh, dass es dich gibt!«
Brummt leis der Eisbär vor sich hin

Bleibt noch wach

Bleibt noch wach und schlaft nicht vor der Nacht
Bis der Stern erstrahlt in heller Pracht
Bis ein sanfter leiser Wind
Singt Maria und dem Kind
Singt Maria und dem Kind
Kyrieeleison, kyrieeleison

Auch die Hirten stimmen nun mit ein
Singen mit dem Wind im Sternenschein
Und so klingt es hell und klar
Diese Nacht ist wunderbar
Diese Nacht ist wunderbar
Kyrieeleison, kyrieeleison

Hoch am Himmel steht der Mond

Hoch am Himmel steht der
Mond, mein kleiner Spatz
Schenk mir eine Feder
Ich schreib einen Satz
Habe keine Kerzen
Und kein Feuer hier
Doch zu deinem Herzen
Suche ich die Tür

»Hoch am Himmel steht der
Mond«, sagt Spätzchen nett
Habe keine Feder
Bin doch schon im Bett
Mach nur deine Runde
Hin zur Nachbarin
Die hat um die Stunde
Feuer im Kamin

Hoch am Himmel steht der
Mond vorm Wolkenflor
Zu der Dunklen geht er
Und klopft an ihr Tor
Hört die Schöne fragen
»Wer mag das wohl sein?«
»Lass mich«, hört sie sagen
»In dein Herz hinein!«

Geh nun schlafen, kleines Schätzchen

Geh nun schlafen, kleines Schätzchen
Geh nun schlafen, kleines Schätzchen
Wenn du aufwachst
Gibt es ein paar Plätzchen
Und dann kommt ein weißes Kätzchen

All die schönen kleinen Pferde

Weine nicht, ist noch Licht, Sternenstrahl kommt auf die Erde
Morgen früh siehst du sie: all die schönen kleinen Pferde
Schwarz und weiß
Wiehern sie leis
All die schönen kleinen Pferde

Was ist das? Dort im Gras liegt ein müdes kleines Schäfchen
Schmetterling fliegt gleich hin, beide halten jetzt ein Schläfchen
Morgen früh siehst du sie: all die schönen kleinen Pferde
Schwarz und weiß
Wiehern sie leis
All die schönen kleinen Pferde

Zappelpappel

Zappelpappel ist ein Baum, na, sagen wir: ein Bäumchen, ein Pappelchen. Abends kann Zappelpappel schwer einschlafen. Da zippelt und zappelt Zappelpappel, dass ihre Blätter nur so rauschen. Eines Abends fragt der Abendwind: »Was zippelst und zappelst du so? Bist du gar nicht müde?« Zappelpappel antwortet: »Ich kann nicht einschlafen. Ich bin so zippelig und zappelig!« Da sagt der Abendwind: »Wenn ich meine Abendrunde gemacht habe, bin ich ganz schön müde. Dann atme ich ein paarmal ganz ruhig ein und wieder aus, ganz ruhig, so!« Und der Abendwind atmet ganz ruhig und Zappelpappel macht es ihm nach. Da zippelt und zappelt sie nur noch ein bisschen. Der Abendwind flüstert: »Jetzt verrate ich dir noch einen Zauberspruch, der gehört nur dir:

Zippelchen, Zappelchen
Pippelchen, Pappelchen
Der Abendwind legt sich zur Ruh
Nun mach auch ich die Augen zu.«

Zappelpappel sagt im Stillen den Zauberspruch nach und schläft ein. In ihre Zweige setzen sich wunderschöne Traumvögel.

Es ist schon spät

Es ist schon spät
Die Nacht ist nah
Auf dunklen Schwingen kommt
Ein Traum zu dir
Bald ist er da
Es ist schon spät, schon spät

Es ist schon spät
Die Nacht ist nah
Und wie ein Schatten schwebt
Der Traum herab
Gleich ist er da
Es ist schon spät, schon spät

Es ist schon spät
Die Nacht ist nah
Nimm dir den Traum und träum
Ihn hell und klar
Du kannst es ja
Es ist schon spät, schon spät

Es ist schon spät
Die Nacht ist da
Träume sind kurz, doch morgens
Wenn du willst
Zum Greifen nah
Es ist schon spät, schon spät

Die traditionelle Vorlage dieses Liedes, »Coventry Carol«, erzählt von dem Mörder-König Herodes und von dem Kind, das später die christliche Idee verbreitet. Meine deutsche Version ist für die, die auch 2000 Jahre nach jenen Kindermorden lieber vom Frieden als vom Krieg träumen. U.M.

Hör, die Hirtenflöte ruft

Hör, die Hirtenflöte ruft:
»Geht zur Ruh!«
Alle Schäfchen folgen ihr
Schlaf auch du!
Überall ist Wiesenduft
Träume liegen in der Luft
Träum auch du!

Der Mond ist aufgegangen

Der Mond ist aufgegangen
Die goldnen Sternlein prangen
Am Himmel hell und klar
Der Wald steht schwarz und schweiget
Und aus den Wiesen steiget
Der weiße Nebel wunderbar
Wie ist die Welt so stille
Und in der Dämmrung Hülle
So traulich und so hold
Als eine stille Kammer
Wo ihr des Tages Jammer
Verschlafen und vergessen sollt

Matthias Claudius

Suliram

Suliram, su-u-u-liram-ram-ram
Suliram, su-u-liram
Morgens früh sah ich im ersten Sonnenlicht
Den Büffel fallen, und er erhob sich nicht

O suliram, su-u-u-liram-ram-ram
Suliram, su-u-liram
Morgens früh sah ich im ersten Sonnenlicht
Den Büffel liegen, und er erhob sich nicht

Sieh nur, wie der starke Büffel da liegt
Wie er schläft
Diesen Traum malte die Nacht in den Tag
Wie sie's mag
Heiß glüht die Sonne im flirrend hellen Mittagslicht
Da liegt der Büffel, und er erhebt sich nicht

O suliram, su-u-u-liram-ram-ram
Suliram, su-u-liram
Und dann sah ich ihn im fahlen Dämmerlicht
Ich sah den Büffel, und er erhob sich nicht

Suliram, su-u-u-liram-ram-ram
Suliram, su-u-liram
Später sah ich ihn im roten Abendlicht
Ich sah den Büffel, und er erhob sich nicht

In der tiefen Ruhe des Waldes

In der tiefen Ruhe des Waldes
Da wohnt eine Sängerschar
Bei der ich viele Male
Ein stiller Hörer war
Und von den süßen Klängen
In Waldes Einsamkeit
Vergess ich meine Sehnsucht
Und manchmal auch die Zeit

Horch, wie die Glocken läuten
Dort unten in dem Tal
Hör, wie der Abendvogel
Uns singt ein letztes Mal
Und wie die Frösche blasen
Im dunklen Nebelsee
Und gleich ist ringsum Schweigen
Wenn ich nach Hause geh

Kleiner Vogel, was singst du?

Kleiner Vogel, was singst du so spät deine Lieder?
Sieh das Kind in der Wiege, komm, setz dich nieder
Ea la nana
Schlaf ohne Sorgen

Träum was Schönes und schlaf bis zum hellen Morgen
Kleiner Vogel, was pfeifst du noch laut deine Lieder?
Komm, lass leise uns summen, komm, setz dich nieder
Ea la nana
Schlaf ohne Sorgen

Träum was Schönes und schlaf bis zum hellen Morgen
Kleine Anna, was zuckst du denn noch mit der Nase?
Schläfst mit offenen Augen, so wie ein Hase
Ea la nana
Schlaf ohne Sorgen
Träum was Schönes und schlaf bis zum hellen Morgen

Sag Tante Rosie

Sag Tante Rosie, die Gans ist nicht mehr da
Ach, ihre Federn war'n doch so wunderbar
Oh, war das traurig, was mit der Gans geschah
Sie lief zum Mühlteich, ins Wasser sprang sie da
Sie übte Kopfstand, wo es am tiefsten war

Sag Tante Rosie, die Gans ist nicht mehr da
Ach, ihre Federn war'n doch so wunderbar
Und Tante Rosie stand dieser Gans so nah
Es weinen die Gänschen, sie machen »wawawa«
Der Ganter ist traurig, Frau Gans ist nicht mehr da

Sag Tante Rosie, die Gans ist nicht mehr da
Ach, ihre Federn war'n doch so wunderbar
Für's Federkissen sind sie nun nicht mehr da

Die Küken

Hör, die Küken rufen:
»Pio, pio, pio
Liebe Hühnermutter
Wo ist unser Futter?«

Küken sind ganz munter
»Pio, pio, pio«
Und die Hühner gackern:
»Ganzen Tag nur rackern!«

Und die Küken schreien:
»Pio, pio, pio
Hahn ist weggelaufen
Geht jetzt Wasser saufen«

Und drei von den Schreiern
»Crio, crio, crio«
Wollen Hähne werden
Wird wohl nichts mit Eiern

Unterm großen Flügel
»Pio, pio, pio«
Ist es nachts gemütlich
Küken schlafen friedlich

Spät kommt das Schiff

Spät kommt das Schiff in den Hafen
Ja, nun kannst du schlafen
Lauer Wind bläht die Segel
Durch die Nacht streichen Vögel

Ja, dieses Schiff wird hier warten
Und draußen im Garten
Singt der Nachtvogel Lieder
Singt es dir immer wieder

Und er singt seine Träume
Fliegt mit dir in die Bäume
Öffnet dir neue Räume
Und er singt seine Träume
Und er singt deine Träume

Schneckenrennen

Einmal im Jahr ist Schneckenrennen. Das Schneckenrennen ist nie an Sonnentagen, immer nur an Regentagen. Dann putzen alle Schnecken ihre wunderbunten Schneckenhäuser blank, das dauert ganz, ganz lange.
Dann strecken sie sich ganz aus, das dauert ganz, ganz lange. Dann drehen und sehen sie sich nach allen Seiten um, das dauert ganz, ganz lange. Dann ziehen sie ihre Hörner ein und fahren sie wieder aus, das dauert ganz, ganz lange. Dann sagen sie ihren Schneckenrennspruch,
das dauert ganz, ganz lange: »Schneckenrecken – Schneckenstrecken – Regensegen – Drehensehen – wunderbunter Schneckenschmuck – putzmunter durchs Gewühl zum Ziel.« Nun müssen sie sich von der Anstrengung etwas ausruhen.
Was glaubst du, wie lange das dauert?
Und wenn sie wieder putzmunter sind,
dann fängt das Schneckenrennen
richtig an, ganz bestimmt –
aber nur, wenn es noch regnet!

Wer näht und wer wäscht

Wer näht und wer wäscht und wer trocknet im Wind
Und singt dabei »balaloo« für's kleine Kind?
So tirili Vöglein und Lämmchen im Gras
So tirili Vöglein, so machen wir das

Heh-oh, weh-oh
Was soll ich nur tun?
So ein graues Leben
Große Augen
Kann euch nicht mehr geben
Heh-oh, weh-oh
Was soll ich nur mit dir tun?

Nun schlafe, mein Lämmchen, nun schlafe, schlaf ein
Nun schlafe, ich werde heut Nacht bei dir sein
Schon lang liegen Schatten auf meinem Gesicht
Schon lange ist Sturm, aber du spürst es nicht

Sing »balaloo«, Lämmchen, ich bin ja bei dir
Mein Lämmchen, dein Vater war lang nicht mehr hier
Ich schaukel dich auf meinem Knie hin und her
Doch Vaters Schiff schaukelt im salzigen Meer

Ich bau hoch im Baum eine Wiege, mein Kind
Da riecht es nach Salz, und da wiegt dich der Wind
So tirili Vöglein und Lämmchen im Gras
So tirili Vöglein, so machen wir das

Annas weißes Lamm

Anna hat ein kleines Lamm
Sein Fell ist weiß wie Schnee
Und wo auch Anna geht und steht
Das Lamm ist in der Näh

    Und wie sie nun zur Schule geht
    Da geht das Lamm mit ihr
    Und alle Kinder lachen
    Und sie spielen mit dem Tier

Wenn Anna abends müde ist
Dann legt sie sich zur Ruh
Schon läuft Lämmchen an ihr Bett
Und legt sich schnell dazu

    Im Traum sagt Anna dann zu ihm:
    »Mein Lämmchen, sei jetzt brav
    Du kannst nicht immer bei mir sein
    Bist bald ein großes Schaf«

Guter Mond, du gehst so stille

Guter Mond, du gehst so stille
Durch die Abendwolken hin
Bist so ruhig, und ich fühle
Dass ich ohne Ruhe bin
Traurig folgen meine Blicke
Deiner stillen, heitren Bahn
O wie hart ist das Geschicke
Dass ich dir nicht folgen kann

Guter Mond, dir will ich's klagen
Was mein banges Herze kränkt
Und an wen mit bittren Klagen
Die betrübte Seele denkt
Guter Mond, du sollst es wissen
Weil du so verschwiegen bist
Warum meine Tränen fließen
Und mein Herz so traurig ist

Johnnys Buddelschiff

    Johnny ist heute Matrose auf seinem eigenen Schiff
    Und auch ein bisschen Steuermann, so steuert er um jedes Riff
    Und gleich ist er der Kapitän, ein Traum in Glas auf großer Fahrt
    Der Wind steht gut, die Segel weh'n und Johnny hat heut einen Bart

Die ›Möwe‹ ist ein stolzes Schiff, und Johnny sticht in See
Gleich als erstes trifft er Piraten. Was nun? Oh Schreck, oh weh!
Unter wilden Flaggen lachen wilde Männer, doch ihn lassen sie in Ruh
Das kann nur Störtebeker sein, denkt Johnny und winkt ihnen zu

Er hat Lust auf Apfelsinen, und die pflückt er in Afrika
Und schon geht es wieder weiter zu den Bananen in Panama
Dann in Havanna noch ein Stück Zucker, schließlich wird es ihm zu heiß
Er fährt schnell wieder nach Norden und holt aus Grönland etwas Eis

    Johnny ist heute Matrose auf seinem eigenen Schiff
    Und auch ein bisschen Steuermann, so steuert er um jedes Riff
    Und gleich ist er der Kapitän, ein Traum in Glas auf großer Fahrt
    Der Wind steht gut, die Segel weh'n und Johnny hat heut einen Bart

Johnnys ›Möwe‹ lacht mit den Möwen, sie segelt schneller, als Wolken zieh'n
Pinguine servieren ihm Saft, und sein Lotse ist ein Delfin
Eine Schwalbe über der See singt vom Frühling im Dämmerlicht
Was jetzt untergeht ist die Sonne, Johnnys Schiff natürlich nicht

Johnny kriegt jetzt Hunger. Das Schiff fährt in den Hafen zurück
Und er wohnt in Hamburg an der Elbe. Was hat der für ein Glück!
Das Buddelschiff ist wieder klein und Johnny ist ganz schön groß
Und wenn er aufgegessen hat, will er auf den Schoß

Wenn der Mond mit großer Sehnsucht

Für Gabi

Wenn der Mond mit großer Sehnsucht
Sich mit blasser Stirne umsieht
Nach der Sonne, die schon
Über alle Berge vor der Nacht flieht
Dann bekommt der gute alte
Mond noch eine Sorgenfalte

Will die Nacht in schwarzer Seide
Von dem Tag ein Abendküsschen
Ist der Tag schon viel zu müde
Und er murmelt noch ein bisschen:
»Liebe Nacht, ich schenk dir Rosen
Lass uns lieber morgen kosen«

Komm, mein Schatz, komm her zu mir
Nimm diese Decke, diese warme
Musst nicht suchen, musst nicht frieren
Ich nehm dich in meine Arme
Sonnentage oder Mondschein
Ich will immer für dich da sein

Oktoberwind

Der Oktoberwind pfeift schon sein Lied ins alte graue Schloss
Doch drinnen ist es friedlich, ein paar Kerzen flackern bloß
Fällt auch das letzte Blatt vom Baum, mein Herzblatt bleibst ja du
Sing hush-a-by-loo, la-loo lo-lan
Sing hush-a-by loo-la-low

Nichts Böses soll mit dir und mir in diesen Mauern sein
Die schwarzen Wolken jagt der Wind, die Luft ist kalt und rein
Und leise Stimmen flüstern uns geheime Worte zu
Sing hush-a-by-loo, la-loo lo-lan
Sing hush-a-by loo-la-low

Im Garten vor dem Tor wächst meine Hoffnung mit der Zeit
Bald fliegst du, junger Adler, öffnest deine Schwingen weit
Die Welt hat viel zu tun, doch heut gönnt sie dir deine Ruh
Sing hush-a-by-loo, la-loo lo-lan
Sing hush-a-by loo-la-low

Mondhund

Der Mond ist heute Halbmond
Also nur halb so schön
Der Hund ist heute Halbhund
Auch nicht schön anzusehn
Bald steht der Mond im Viertel
Als Sichelmond, sieh an!
Was ist an einem Viertel
Vom Hund dann wohl noch dran?
Als nächstes kommt der Neumond
Neu ist: Man sieht ihn nicht
Ein Neuhund nach dem Viertelhund
Ist auch noch nicht in Sicht
Nach ein paar Tagen sieht man:
Der Mond geht wieder auf
Und glaubt es oder nicht
Der alte Hund steht wieder auf

Nun kommt der Sandmann

Nun kommt der Sandmann

Geht durch die Stadt

Die so viele

Schlafaugen hat

Er klopft an die Fenster

Flüstert »Gute Nacht!

Kinder, geht nun schnell ins Bett

Es ist schon nach acht!«

Dann streut der Sandmann

Sand in die Stadt

Die so viele

Schlafaugen hat

Wenn der Sand gestreut ist

Und der Mond aufgeht

Geht der müde Sandmann

In sein Sandmannbett

Dunkel die Nacht

Dunkel die Nacht, will ein Sturm sich erheben
Dunkel die Nacht, hör wie die Blätter beben
Dunkel, dunkel erklingt nun ein Lied
Schlaf, schlaf, schon lang bist du müd
Dunkel, dunkel die Nacht
Schlaf, schlaf, schon lang bist du müd
Dunkel die Nacht, jetzt versuchst du zu schlafen
Dunkel die Nacht, siehst drei Reiter in Waffen
Dunkel, dunkel ist ihr Visier
Schlaf, schlaf, die wollen zu dir
Dunkel, dunkel die Nacht
Schlaf, schlaf, die wollen zu dir
Dunkel die Nacht, fraßen Löwen den einen
Dunkel die Nacht, trafen Schwerter den zweiten
Dunkel, dunkel des dritten Gesicht
Schlaf, nein, der findet dich nicht
Dunkel, dunkel die Nacht
Schlaf, schlaf, der findet dich nicht

Der Mond im Mariniland

Eines Nachts kam der Mond nach Mariniland.
Alle Marienkäfer schliefen. Der Mond fragte:
»Hallo, ihr Marinis, warum schlaft ihr denn?«
»Wir sind müde«, murmelten die Marinis im Mariniland.
»Müde?«, staunte der Mond. »Ich bin doch auch nicht
müde. Ich leuchte sogar, seht nur!«
»Ja, schön«, murmelten die Marinis.
»Seid nicht so faul«, sagte der Mond.
»Ihr könnt doch jetzt nicht müde sein, es ist doch Nacht!«
»Ja, eben«, murmelten die Marinis. »Es ist Nacht.
Nachts sind wir müde. Wir leuchten und fliegen tagsüber. Darum nennt man uns auch nicht Mondlämmchen,
sondern Sonnenlämmchen. Und weil wir tagsüber so viel
sehen, so viel spielen und so viel tun, wollen wir nachts
schlafen. Morgen ist auch wieder ein Tag.«
Das verstand der Mond: »Ich leuchte nachts so lange,
da schlafe ich am Tage. Aber ich freue mich, dass wir uns
mal kennengelernt haben. Gute Nacht!«
»Gute Nacht, guter Mond«, murmelten die Marinis und
schliefen und träumten von der Sonne.

Sternenblinzeln

Zwei kleine Sterne blinzelten um die Wette. »Ich kann ganz toll blinzeln, sieh mal!« Und er blinzelte, sodass sein Sternenlicht flimmerte.
Der andere Stern sagte: »Ich kann noch viel toller blinzeln, sieh nur!« Und er blinzelte, sodass sein Sternenlicht noch mehr flimmerte.
»Also, das kann ich noch viel toller«, sagte der erste Stern. Und er blinzelte so toll, dass er die anderen Sterne kaum noch sehen konnte und sein Sternenlicht flimmerte sehr. Der andere Stern war vom tollen Blinzeln schon etwas müde und sagte: »Pass auf, wieviel toller ich blinzeln kann!« Und er blinzelte so toll, dass man seine Augen kaum noch sehen konnte und sein Sternenlicht flimmerte nur noch ab und zu auf.
So blinzelten die beiden kleinen Sterne immer weiter um die Wette, bis sie so toll blinzelten, dass ihre Augen ganz zu waren.
Und sie waren so müde, dass sie die ganze Nacht schliefen und nur noch die großen Sterne leuchteten. Kannst du eigentlich auch blinzeln?

Tag ist nun vorüber

Tag ist nun vorüber, und die Nacht ist nah
Für die Sterne liegt das Wolkenbett schon da

Frieden allen Müden, schlaft in sanfter Ruh
Niemand soll euch stören, schließt die Augen zu

Frieden allen Kindern, was auch sonst gescheh
Frieden all den Schiffen auf der hohen See

Weckt uns dann der Morgen früh mit Sonnenschein
Soll in unsren Augen Kraft und Hoffnung sein

An der Pforte zum Himmel

An der Pforte zum Himmel stehen die Schuhe
Barfuß gehen die kleinen Engel nun zur Ruhe
Mach nun die Augen zu, mach nun die Augen zu
Mach nun die Augen zu – aru – aru

Soll der Himmel nun über deinen Schlaf wachen
Manchmal hörst du die kleinen Engel im Schlaf lachen
Mach nun die Augen zu, mach nun die Augen zu
Mach nun die Augen zu – aru – aru

Abend

Dieser Tag war lang und schön
Konnte tausend Sachen machen
Gab viel zu hören und zu sehn
Gab viel zu lernen und zu lachen

Hab aus vollem Hals gesungen
Nicht gefragt, wem das gefällt
Bin mit Freunden rumgesprungen
Beinah um die halbe Welt

Doch da sind noch tausend Träume
Und noch Köpfe voll Ideen
Und noch viele dunkle Räume
Die will ich bei Licht besehn

Kurz, viel zu kurz war dieser Tag
Würde gern noch so viel tun
All die Dinge, die ich mag
Doch jetzt ist es Zeit zu ruhn

Sommernachtstraum

Leise klingt noch etwas Jazz
Aus dem Nachbarhaus
Fenster stehen hungrig auf
Seh noch ein paar Lichter
Von der Kirche schlägt es zwölf
Oben weint ein Kind
Und der runde Mond macht mir
Mitternachtsgesichter

Ich bin nicht der einzige
Der jetzt noch nicht schläft
Grillen zählen Sterne
Und der Himmel ist heut groß
Eine Stimme sagt leis »ja«
Manch andrer schweigt und denkt
Das war so ein Tag
Den lässt die Nacht nicht einfach los

Ich hör mir noch Lieder an
Von dem Zimmermann
Und auch ein paar alte
Vom Schmuddelkindervater
Ja, wer weiß, vielleicht sind vorn
Zigeuner* an der Tür
Schwarze Augen, schwarze Nacht
Dreimal schwarzer Kater

Woher kommt das alles nur
Warm und süß und schwer
Und so leicht, ach bitte bleib
Ich frage schon nicht mehr
Nein, nicht Casablanca
Nein, noch nicht einmal Midi
Das war nur so ein Tag
Den gibt die Nacht nicht einfach her

Drüben, wo der Maler wohnt
Ist es noch ganz hell
Und im dunklen Nebenan
Wird noch was getrunken
Bei Annette Kräuterduft
Bisschen angebrannt
Das Kind von oben schreit nicht mehr
Ist in die Nacht versunken

Nein, das gibt es hier nicht oft
Halt es lieber fest
Sieh nur, da ist noch
Ein bisschen Schnee vom letzten Jahr
Und wenn wir jetzt schlafen gehen
Halten wir uns fest
Wie die Nacht den Tag
Der hell und heiß und unser war

* Dies ist eine satirische Formulierung in Anlehnung an einen Liedtext von Franz Joseph Degenhardt. Beide beziehen sich auf weitverbreitete Vorurteile gegenüber Sinti und Roma, die der Autor nicht reproduziert, von denen er sich vielmehr distanziert.

Ach, wer will denn jetzt schon schlafen gehen?

Ach, wer will denn jetzt schon schlafen gehen?

Ach, der Abend ist doch grad so schön!

Guck mal!

Man kann die Sterne sehn

Wie sie am Himmel stehn

Ach, bitte sing mir noch was vor

Ganz leis ins Ohr

La la lalala

Sing weiter, bitte sehr

Ach, sing, ich will noch mehr

O bitte sehr!

Ich will noch mehr!

O bitte sehr!

Es ist doch noch gar nicht spät

Bin noch gar nicht müd

Sing doch mal, wie's weitergeht

Mit dem schönen Lied

La la lalala

Die Musik klingt so fein

Die muss wohl von Wolfgang Amadeus sein

Wie der Mond da lacht

Nein, sag bitte, bitte noch nicht gute Nacht

Ich bin wirklich noch nicht müd

Dort hinter den Bergen

Dort hinter den Bergen versinkt schon die Sonne
Dort hinter den Bergen verglüht schon ihr Licht
Dort legt sie sich nieder und streckt sich voll Wonne
Dort hinter den Bergen
Nur sieht man sie nicht

Dort hinter den Bergen, da liegt eine kleine Stadt
Dort hinter den Bergen, und die hat noch Licht
Sieh, dort kommt ein Fremder, der noch keine Bleibe hat
Dort hinter den Bergen
Sag, siehst du ihn nicht?

Schlafe, mein Prinzchen

Schlafe, mein Prinzchen, es ruhn
Schäfchen und Vögelein nun
Garten und Wiesen verstummt
Auch nicht ein Bienchen mehr summt
Luna mit silbernem Schein
Gucket zum Fenster herein
Schlafe beim silbernen Schein
Schlafe, mein Prinzchen, schlaf ein
Schlaf ein, schlaf ein

Auch in dem Schlosse schon liegt
Alles im Schlummer gewiegt
Reget kein Mäuschen sich mehr
Keller und Küche sind leer
Nur in der Zofe Gemach
Tönet ein schmelzendes »Ach!«
Was für ein »Ach« mag das sein
Schlafe, mein Prinzchen, schlaf ein
Schlaf ein, schlaf ein

Wer ist beglückter als du
Nichts als Vergnügen und Ruh
Spielwerk und Zucker vollauf
Und auch Karossen im Lauf
Alles besorgt und bereit
Dass nur mein Prinzchen nicht schreit
Was wird da künftig erst sein
Schlafe, mein Prinzchen, schlaf ein
Schlaf ein, schlaf ein

Friedrich Wilhelm Gotter

In dunkler Nacht

Soll dein Mund im Schlaf noch lachen in dunkler Nacht
Mag ein Engel dich bewachen in dunkler Nacht
Stunden, die vorübertreiben
Frost schreibt auf die Fensterscheiben
Und ich werde bei dir bleiben in dunkler Nacht

Silbern leuchten Mond und Sterne in dunkler Nacht
Gestern liegt in weiter Ferne in dunkler Nacht
Wiegen sich im Wind die Bäume
Träumen ihre Blütenträume
Frieden atmen diese Räume in dunkler Nacht

Ringsumher ist nichts als Schweigen in dunkler Nacht
Raben sitzen in den Zweigen in dunkler Nacht
Schweigen soll'n auch deine Sorgen
Schlafe friedlich und geborgen
Träum von einem hellen Morgen in dunkler Nacht

Der alte Mond

Der alte Mond

Der alte Mond

Der Silbermond

Der gute Mond

Kommt mit dem Abend in dein Haus

Sieht mit dir ins Land hinaus

Der Silbermond geht heute aus

Der alte Mond sieht mit dir ins Abendland hinaus

Der alte Mond

Der alte Mond

Der Silbermond

Der gute Mond

Ach der will heut noch lang nicht schlafen gehn

Der alte Mond

Der alte Mond

Der Silbermond

Sieht heut am Himmel

So viele kleine Sterne stehn

Kleine und große Bären gehn

Wie ist der Himmel heute schön

Da soll man schlafen gehn?

Wie ist der Himmel

Heut schön!

Schlaf ruhig, mein Kind

Wenn die Spiele nicht mehr enden
Und du reibst dir mit den Händen
Aus den Augen, was an diesem Tag
Zuviel zu sehen war
Wenn der Himmel nicht mehr blau ist
Und das weiße Kätzchen grau ist
Wenn die letzten Sonnenstrahlen
Rot im Meer versunken sind
Dann schlaf du
Schlaf ruhig, mein Kind

Sollst du weinen oder lachen?
Weißt du nicht, was sollst du machen
Mit dem Abend dieses Tages, der
Nun bald zu Ende geht
Wenn dein Teddy nicht mehr wach ist
Und auch wenn im Fernsehn Krach ist
Wenn die Pappelblätter rauschen
Sacht im lauen Abendwind
Dann schlaf du
Schlaf ruhig, mein Kind

Wenn in deinem Kopf die Lieder
Summen und dir immer wieder
Neu erzählen von dem Morgen, der
Jetzt auch noch schlafen muss
Wenn die Vögel nicht mehr singen
Und die Saiten nicht mehr klingen
Wenn der gute alte Mond
Seine Silberfäden spinnt
Dann schlaf du
Schlaf ruhig, mein Kind

Wiegenlied

Für Carla

Früh kamst du in die Welt
Die wenig von dem hält
Was sie zuvor verspricht
Aber fürchte dich nicht
Aus manchem zarten Spross
Bedeckt mit Fragen bloß
Wuchs dann ein starker Baum
So träum mit mir den Traum
Von unsrer neuen Zeit
Die ist gar nicht so weit
Ich nehm dich in den Arm
Komm her, ich halt dich warm
Ich gebe dir ein Dach
Und bleibe für dich wach
Da draußen laut und schwer
Brüllt noch der große Bär
Wir lassen Tauben fliegen
Und glauben, dass sie siegen
Jede bringt dir ein Korn
Daraus wird Brot geborn
Ich schenk dir eine Kuh
Die gibt dir Milch dazu
Ich schenk dir auch ein Schaf
Das trägt dich in den Schlaf

Und unser altes Lied
Das gebe ich dir mit
Du schreibst, so lass mich hoffen
Auch ein paar neue Strophen

Mein müder Engel

Schlaf, mein müder Engel, so schlafe nun ein
Deine Mutter und dein Vater lassen dich nicht allein
Sieh das schwarze, sieh das braune, sieh das weiße Wolkenschaf
Nun schlaf du, mein müder Engel, träum schön, und schlaf
Schlaf, mein kleiner Engel, so schlafe nun ein
Sieh das kleine weiße Wolkenschaf, sieh, wie es tanzt im Mondenschein
Kommt ein Vogel leis geflogen und setzt sich auf deine Hand
Und er singt dir süße Lieder aus einem fernen Land

Mi-ma-müde

Mi-ma-müde ist die Maus
In ihrem Mi-ma-mäusehaus
Und schwupps liegt sie nanu-na-nett
In ihrem Kuschelwuschelbett

Ach, liebe Mima-maus-mama
Ach, lieber Pipa-paus-papa
Der Tag war schön, gebt mir zum Schlüsschen
Ein kleines Mi-ma-mäuseküsschen

Do Do

Do Do
Schlaf, mein Kleines, schlaf
Do Do
Schlaf, mein Kleines, schlaf
Wenn du jetzt nicht schläfst
Dann beißt dich ein Krebs
Wenn du jetzt nicht schläfst
Dann beißt dich ein Krebs
Legst du dich hin
Isst du morgen ihn
Mama
Bleibt in deiner Näh
Papa
Fischt noch in der See
Mama
Bleibt in deiner Näh
Papa
Fischt noch in der See
Wenn du jetzt nicht schläfst
Dann beißt dich ein Krebs
Wenn du jetzt nicht schläfst
Dann beißt dich ein Krebs
Legst du dich hin
Isst du morgen ihn

Schimmel trägt dich immer weiter

Ninna nanna ninna nanna
Ist ein schöner Tag vergangen
Vom Hof des Mondes dort am Himmel
Kommt mit leisem Schritt ein Schimmel

Ninna nanna ninna nanna
Schimmel hat ein Fell wie Seide
Trägt dich fort auf seinem Rücken
In den Abend auf Wolkenbrücken

Ninna nanna ninna nanna
Eure Reise soll nicht enden
Im Nachtblau fließen Silberflüsse
Meer und Himmel tauschen Küsse

Wenn's regnet, ist's ein sanftes Kosen
Und wenn's schneit, dann schneit es Rosen

Weiter geht es wie auf Schwingen
Durch die Nacht klingt leises Singen

Mond ist rund und lächelt heiter
Schimmel trägt dich immer weiter

Quellenverzeichnis

Text: soweit nicht anders angegeben Ulrich Maske © Chico Neue Medien & Verlag GmbH, Hamburg

Kleiner Stern:
nach traditionellen Motiven aus England

Äuglein blinzelt:
nach traditionellen Motiven aus England

Schlaf, Schätzchen:
nach traditionellen Motiven aus Nordamerika

Mäh, sagt das kleine Lamm:
nach traditionellen Motiven aus Skandinavien

Rosinchen und Mandeln:
nach traditionellen jiddischen Motiven

Kumbayah:
nach traditionellen Motiven aus dem Kreolischen

Coqui, Coqui:
nach traditionellen Motiven aus Puerto Rico

Gehen zehn in ein Bett:
nach traditionellen anglo-amerikanischen Motiven

Schlaf, mein Kind, es wird Nacht überall:
nach traditionellen Motiven irischer Amerika-Auswanderer

Das Abendschiff ist gekommen:
frei nach traditionellen Motiven aus Italien

Wenn der Wind durchs weite Land geht:
frei nach traditionellen Motiven aus der Toskana

Bleibt noch wach:
nach traditionellen Motiven aus Katalonien

Hoch am Himmel steht der Mond:
nach traditionellen Motiven aus Frankreich

Geh nun schlafen, kleines Schätzchen:
nach traditionellen Motiven aus Nordamerika

All die schönen kleinen Pferde:
nach traditionellen Motiven aus Nordamerika

Es ist schon spät:
nach traditionellen Motiven aus England

Hör, die Hirtenflöte ruft:
nach traditionellen Motiven aus Ungarn

Suliram:
nach traditionellen Motiven aus Indonesien

In der tiefen Ruhe des Waldes:
nach traditionellen Motiven aus Skandinavien

Kleiner Vogel, was singst du?:
nach traditionellen Motiven aus Spanien

Sag Tante Rosie:
nach traditionellen Motiven aus Nordamerika

Die Küken:
nach traditionellen Motiven aus Spanien

Spät kommt das Schiff:
frei nach traditionellen Motiven aus Italien

Wer näht und wer wäscht:
nach traditionellen Motiven aus Schottland

Annas weißes Lamm:
nach traditionellen Motiven aus England

Guter Mond, du gehst so stille:
traditionell

Wenn der Mond mit großer Sehnsucht:
frei nach traditionellen Motiven aus Italien

Oktoberwind:
nach traditionellen Motiven aus Irland

Nun kommt der Sandmann:
nach traditionellen Motiven aus England

Dunkel die Nacht:
nach alttestamentarischen hebräischen Motiven

Tag ist nun vorüber:
nach traditionellen Motiven aus England

An der Pforte zum Himmel:
nach traditionellen Motiven aus Lateinamerika

Dort hinter den Bergen:
frei nach traditionellen Motiven aus Italien

In dunkler Nacht:
nach traditionellen Motiven aus Wales

Der alte Mond:
frei nach traditionellen Motiven aus Italien

Mein müder Engel:
frei nach traditionellen Motiven aus Tschechien

Do Do:
nach kreolischen Motiven aus Haiti

Schimmel trägt dich immer weiter:
frei nach traditionellen Motiven aus der Toskana

2 CDs ISBN 978-3-8337-3518-9

Die gleichnamige CD-Produktion ist im JUMBO Verlag erschienen und im Handel erhältlich.

Eine Auswahl der Liedtexte mit Noten gibt es als Download auf
http://www.jumboverlag.de/label_2/Kinder/2/specials/3/

**Eine aufwendige, hochprofessionelle Produktion, die den Hörer entführt in die Welt der Träume …
Ein Lied ist so schön wie das andere.**
*Thomas Moench-Matoff,
Hessischer Rundfunk*